착한 동생 삽니다

**스콜라 scola**_가치 있는 책을 만드는 아름다운 책 학교
(주)위즈덤하우스의 아동·청소년 브랜드입니다.

### 글 김리하
2011년 푸른문학상 새로운 작가상을, 같은 해에 MBC창작동화대상을 수상하였습니다. 혼자 키득거리며 상상에 빠져들 때가 가장 좋습니다. 그 다음으로는 동화책 읽고 쓰기가 좋습니다. 때때로 어린이들의 세상 속으로 훌쩍 뛰어 들어가 볼 수 있어서 얼마나 다행인지 모릅니다. 좋아하는 일을 즐겁게 할 수 있다는 사실이 기쁘고도 감사합니다.
지은 책으로는 《발차기만 백만 번》《내가 바로 그 개예요》《오공이 학교에 가다》 등이 있습니다.

### 그림 유설화
한겨레 그림책 학교에서 일러스트를 공부했습니다.
쓰고 그린 책으로는 《슈퍼 거북》이 있고, 그린 책으로는 《노란 프라이팬》《사라진 축구공》《지렁이 똥을 훔쳐라》《송언 선생님의 신나는 글쓰기 초등학교》《우리 동네 행복한 직업》 등이 있습니다.

좋은습관 길러주는 생활동화 29

형제자매. 우애를. 키워주는. 책.

# 착한 동생 삽니다

글 김리하 | 그림 유설화

스콜라

작가의 말

# 세상에서 처음 만난 내 친구, 언니

저한테는 언니가 둘 있어요. 어릴 때, 언니들은 저랑 잘 놀다가도 가끔씩 심통을 부렸어요.
"자꾸 까불면 너랑 안 놀고 친구 집에 가 버린다."
언니의 이 한마디에 저는 착하고 말 잘 듣는 동생이 되곤 했죠.
안 놀아 준다는 말만큼 무서운 말은 없었거든요. 그때, 저한테 언니는 언니 그 이상이었던 것 같아요. 언니는 제가 세상에서 태어나 처음으로 만난 '친구'였던 거죠. 저의 첫 번째 친구, 그 사람이 바로 언니였어요.
세월이 흘러 나이가 든 지금, 친구들에게 말 못 할 비밀도 언니에게는 털어놓을 수 있고요, 연로하신 엄마를 걱정시킬까 봐 못다 한 이야기도 언니에게만은 할 수 있어요. 혼자 힘으로는 풀 수 없는 일들도 언니와 대화하면 어느새 해결되거든요. 언니는 저에게 만능열쇠 같은 존재예요. 눈앞에 버티고 서 있는 모든 고민의 문도 언니라는 만능열쇠만 꽂으면 스르르 열리니까요. 참 신기한 일이죠?
언니가 저보다 현명해서일 수도 있지만, 언니들은 원래 착하고 좋은 귀를 갖고 있어서 그런 것 같아요. 동생들의 얘기를 흘려듣지 않고 정

성껏 들어 줄 수 있는 성능 좋은 귀 말이에요. 언니에게 비밀을 말하면서 단 한 번도 그 비밀이 누군가에게 새어 나갈까 봐 마음 졸인 적이 없어요. 언니의 귀는 성능이 좋고, 입은 묵직해서 내 비밀을 꼭꼭 지켜 준다는 것을 아니까요. 그래서 어떤 고민도 어떤 속상함도 언니에게 털어놓으면 쉬워지고 가벼워져요.

신들이 인간을 다 보살필 수 없어서 엄마들을 세상에 내려보내 주신 거라잖아요. 가끔씩 이런 생각을 해 봐요. 엄마가 다 신경 써 줄 수 없어서 언니들이 내 곁을 지켜 주는 거라고요. 저에게 언니는 엄마만큼 소중한 사람이에요.

여러분들에게도 언니나 동생, 형이나 누나가 있다면, 오늘 하루쯤은 살짝 손을 한번 잡아 보세요. 움켜쥔 손의 감촉 하나만으로도 힘든 일쯤 거뜬히 이겨 나갈 새로운 기운이 솟아날 거예요. 형제자매란, 세상 문을 열고 당당히 나갈 수 있도록 우리를 도와주는 만능열쇠니까요.

*언니가 보고 싶은 날에*
김리하

차례

작가의 말 _ 세상에서 처음 만난 내 친구, 언니

### 쟤 때문이잖아!    8

### 미운 놈에게 떡 주기    18

### 내 몸이 이상해졌어    30

### 냉동 소녀 꽁꽁이    40

 제발, 저리 가!　　　　　　　　　50

 미움이 도망갔어　　　　　　　　58

 이젠 땀이 나　　　　　　　　　　67

부록 _ 꽁꽁이 지예의 형제자매와 잘 지내는 비법

- 형제자매 사이의 공통점 찾기
- 형제자매의 싸움 대처법

## 쟤 때문이잖아!

지수가 놀자고 치근덕대서 짜증이 났어. 엄마는 아빠한테 걸려 온 전화를 받고 있었지.

"엄마! 아빠 터미널이래? 집에 언제 온대? 몇 시에?"

내가 계속 묻자, 엄마가 귀찮아하면서 손을 휘휘 저었어. 꼭 파리를 쫓는 것처럼. 그러고 나서는 서둘러 전화를 끊었어.

"아빠 올 때 크림빵 사 오라고 말했어야지."

나는 엄마를 보며 투덜댔어.

"지예야! 너, 그 버릇 좀 고쳐. 너는 어떻게 엄마가 전화할 때

마다 옆에서 끼어드니? 지수 좀 봐라. 얌전히 있잖아."

지수는 인형으로 소꿉놀이를 하고 있었어. 감기에 걸려서 일주일째 유치원에 못 간 지수에게 엄마가 새 소꿉놀이 장난감을 사 줬거든. 나는 화가 났지만, 꾹 참았어. 오늘 놀이공원에 가서 캐릭터 가방도 사고, 공주 머리띠도 사면 되니까. 물론 지수는 아무것도 못 사게 할 거야. 그래야 공평하지.

"알았어. 아빠 오기 전에 빨리 준비해야겠다."

나는 옷을 입으러 방으로 들어갔어.

아빠는 지방 근무를 해서 토요일에만 집에 올 수 있는데, 오늘 특별히 휴가를 낸다고 했어. 오늘은 우리 학교 개교기념일이야. 오늘 같은 날에는 꼭 놀이공원에 가 줘야 해. 주말이 아니니까 오래 기다리지 않아도 놀이 기구를 여러 개 탈 수 있거든. 놀기 딱 좋은 날이지.

"내가 얼마나 오늘을 기다렸다고! 정말 좋아."

생각만 해도 콧노래가 절로 나왔어.

"지예야, 아빠…… 못 오셔."

엄마가 내 방문 앞에 서서 말했어.

"왜? 왜 못 오는데?"

나는 옷을 고르다 말고 소리를 질렀어.

"휴가를 내려고 했는데 너무 바빠서 못 냈대."

"지난주 토요일에도 못 왔잖아. 그래서 오늘은 꼭 온다고 나랑 약속했단 말이야."

"회사가 어려워져서 직원들을 많이 줄였대. 아빠 일이 늘어나서 평일에 휴가 내기가 힘들다는데 그럼 어떻게 해?"

"그래도 나랑 약속했으면 지켜야지."

너무 실망해서 눈물이 날 지경이었어.

"지수 감기 도질까 봐 걱정했는데, 차라리 잘됐어. 엄마가 아빠한테 다음 주 토요일에 오시라고 했어."

"잘되긴 뭐가 잘돼? 왜 엄마 마음대로 정해?"

나는 옷들을 헝클어뜨리면서 화를 냈어. 아빠랑 나랑 한 약속인데 나한테 묻지도 않고 엄마 마음대로 바꾸는 게 어디 있어? 말도 안 돼.

"너, 이게 무슨 짓이니?"
"아빠 바쁘다는 거 핑계지? 놀러 갈 수 있는데도 지수 아프다고 일부러 안 가는 거지?"
"뭐?"
"엄마랑 아빠는 나하고 한 약속보다 지수 감기가 더 중요해? 지난번 내가 감기 걸렸을 때는 추운데도 밖에만 잘 나갔잖아. 근데 오늘은 왜 안 돼?"
"그땐 네 감기가 나아갈 때였고 지수는 아직 기침하잖아. 아빠 회사 어려워져서 엄마가 부업하는 거 빤히 보면서, 너는 핑계라는 말이 나오니?"

엄마는 그렇게 말하고는 안방으로 갔어.

엄마는 얼마 전부터 집에서 조립품 맞추는 부업을 시작했어. 옆집 아저씨 회사에서 얻어 온 일거리인데 자동차 에어컨 스위치에 고무를 끼워 넣는 거야. 엄마는 하루에 500개도 넘는 고무를 끼웠어. 잠도 다섯 시간밖에 못 잔다고 했던 것 같아. 하지만 그 일은 나 때문에 하는 게 아닌데, 왜 나한테 뭐라고 하는지 모르겠어.

"엄마가 부업 하는 게 나 때문이야?"

엄마를 쫓아가서 내가 따졌어.

"뭐라고?"

"다 지수 때문이잖아. 지수가 피아노도 가르쳐 달라고 하고 그림도 배우고 싶다고 하니까 그런 거잖아. 놀러 못 가는 것도, 엄마가 일하는 것도, 다 지수, 쟤 때문이잖아."

내가 소리를 빽 지르자, 거실에서 소꿉놀이하던 지수가 훌쩍거렸어. 지수는 툭하면 울어. 엄마와 아빠가 말다툼만 해도 울고, 내가 엄마한테 소리를 질러도 울어. 일부러 약한 척하는 거야. 나만 혼나게 하려고 말이야. 난 딱 보면 다 알아.

"어머머, 애 말하는 것 좀 봐. 그래, 똑똑한 지수한테 피아노랑 그림 다 가르쳐 주고 싶어서 엄마가 부업 한다. 이렇게 말하니까 좋니?"

"거봐, 내 말이 맞잖아. 엄마 입으로도 그렇게 말했지? 쳇, 지수가 똑똑하긴 뭐가 똑똑해? 멜로디언 잘 분다고 피아노 잘 치는 줄 알아?"

"똑똑하지. 왜 안 똑똑해? 노래만 들으면 멜로디언을 바로 불 수 있는데! 이렇게 음감이 좋은 애들은 피아노도 잘 친대."

엄마는 내 앞에서 지수 칭찬만 했어. 엄마가 저러니까, 내가 피아노 치기 싫어도 꾹꾹 참고 학원을 다니는 거야. 내가 관두면 엄마는 분명 '아이고 좋아라. 대신 우리 지수 보내야겠다. 지수야, 피아노도 사 줄게.'라고 할 거거든.

화가 나서 내 방으로 가다가 훌쩍거리는 지수를 봤어. 글쎄, 지수가 앞머리에 내 리본 핀을 꽂고 있는 거 있지? 냅다 달려가서 손으로 확 낚아챘어.

"아야! 왜 뺏어? 이리 줘. 그거 언니가 필요 없다고 준 거잖

아. 언니, 미워."

지수가 울면서 말했어.

"내가 언제? 이거 내가 얼마나 아끼는 건데 널 주니?"

나는 혀를 메롱 내밀면서 지수 약을 올렸어. 이 리본 핀은 너무 커서 꽂고 있으면 우스꽝스럽거든. 그래서 지수에게 줬었는데 이제 마음이 변했어. 지수 때문에 놀이공원도 못 가고, 캐릭터 가방이랑 머리띠도 못 사게 됐어. 그런데도 엄마는 지수 편만 들잖아. 쟤 때문에 되는 일이 없는데 내가 이걸 왜 줘야 해? 안 그래?

## 미운 놈에게 떡 주기

"엄마, 언니 못됐어."

지수가 안방으로 울면서 달려갔어. 그러더니 안방 문을 쾅 닫고 찰칵 잠그는 거야. 나는 쫓아가서 방문 손잡이를 마구 돌렸어.

"야, 문 열어! 너, 안 열어?"

내가 소리를 질렀는데도 문은 꿈쩍도 안 했어.

'공지예, 넌 여기 들어오지 마!'

닫힌 방문이 꼭 그렇게 말하는 것만 같았어.

지수는 기분이 나쁘면 안방으로 도망가서 문을 잠가. 얼마나 얄미운지 몰라. 그런데 엄마도 지수랑 똑같다니까. 지수를 야단치고 문을 열어 줘야 하는데 가만히 있는 거야.

내 가슴속이 펄펄 끓는 국처럼 부글부글 끓어올랐어. 나는 재빨리 주방으로 달려가서 냉동실 문을 열었어. 열자마자 냉동실의 찬바람이 세차게 뿜어져 나왔지. 냉동실 문을 열고 찬바람을 쐬고 있으면 끓던 속도 가라앉고 머리도 맑아지는 느낌이 들거든. 나는 자주 냉동실로 달려가.

얼음 상자에 가득 쌓인 얼음을 한 주먹 꺼냈어. 얼음을 입에 하나씩 넣고 와드득 씹어 먹으면 얼마나 시원하다고. 나는 얼음 깨 먹기 대장이야.

"앗, 아야야."

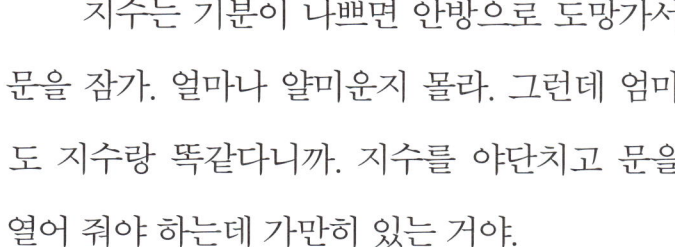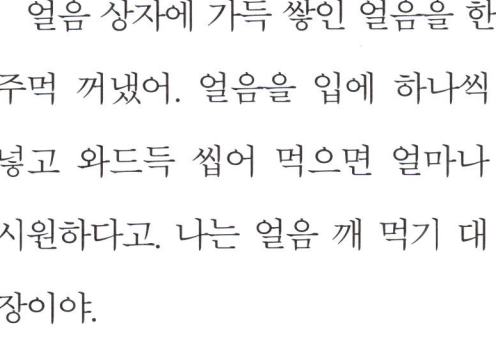

얼음을 먹다가 잘못해서 입술을 깨물었어. 눈물이 찔끔 났어.
'놀러 못 간 것도 억울한데 방문까지 잠가서 날 따돌려? 지수, 너 두고 봐.'

나는 밖으로 나갔어. 동네 놀이터마다 옮겨 다니며 한참을 놀았어. 아이들이 하나둘 들어가고 또 다른 아이들이 나와서 놀다 집으로 돌아갈 때까지 나는 계속 놀았어. 배가 너무 고파서 집에 갈까 말까 고민하고 있을 때, 나를 부르는 엄마 목소리가 들렸어.

공지예
밥 먹어

"지예야, 엄마가 얼마나 찾아다닌 줄 알아? 넌 배도 안 고프니? 벌써 저녁때가 다 됐다."

"나를 왜 찾아? 나만 쏙 빼고 지수랑 둘이서 맛있는 거 먹으면 되잖아?"

나는 걸어오면서도 계속 툴툴댔지.

집에 왔을 때, 구운 고등어 냄새가 진동했어. 나는 고등어자반이 있으면 밥 한 그릇을 뚝딱 먹거든. 밥을 안 먹고 심통을 부려 볼까 했는데 그건 안 될 것 같았어. 뱃속에서 꼬르륵 소리

가 요란하게 났으니까 말이야.

나는 주방으로 가서 식탁에 앉았어. 엄마와 지수도 자리에 앉았지. 우선 밥을 한 숟가락 크게 떠 놨어. 젓가락으로 고등어자반을 똑 떼어 내려는 순간, 엄마가 가시를 발라낸 엄지손가락만 한 고등어 살을 내 밥숟가락 위에 올려 주었어. 나는 입을 있는 대로 벌려서 꼭꼭 씹은 다음 꿀꺽 삼켰지. 진짜 꿀맛이었어.

"맛있니?"

엄마가 날 쳐다보며 물었어.

엄마가 물어보나 마나인 질문을 할 때는 뭔가 다른 뜻이 숨어 있다는 걸 알아야 해.

"맛있어?"

"왜 자꾸 물어?"

나는 퉁명스럽게 대꾸했어.

"동생 괴롭히고 엄마한테 떼쓰면서 걱정시켜 놓고, 밥은 꿀떡꿀떡 잘 넘어가나 보다."

엄마는 내 숟가락에 고등어자반을 계속 올려 주면서도 가시처럼 콕콕 찌르는 말을 했어.

"그렇게 말하면서 생선 가시는 왜 발라 줘?"

"미워서 그런다. 미운 놈한테 떡 하나 더 준다는 옛날 말이 있거든. 자, 많이 먹고 힘내서 앞으로도 계속 미운 짓 해라. 응?"

엄마가 말을 반대로 했다는 것쯤은 나도 알고 있어. 엄마 말 잘 들으라고, 지수랑 사이좋게 놀라고, 떼쓰거나 화내지 말라고, 밥 위에 생선을 얹어 줬다는 것도 알아. 하지만 내 마음속 꽁꽁 싸매 놓은 심술 보따리가 풀어져 버렸는지 자꾸만 못된 생각이 나더라고.

밥을 다 먹고 나서 엄마가 준 과자를 먹는데 지수가 한 번에 두 개를 집는 거야.

"야, 한 번에 두 개는 반칙이지. 하나만 먹어."

나는 눈을 부라리며 지수를 윽박지르고 나서 과자 하나를 빼앗았어.

"언니도 좀 전에 두 개 먹었잖아. 왜 나한테만 그래?"

"내가 언제? 이게 거짓말을 하네."

"좀 전에 두 개 먹는 거 내가 분명히 봤어."

지수는 눈도 좋고 기억력도 좋아. 지수가 봤다면 내가 두 개 먹은 게 맞긴 맞을 거야.

"그래서 뭐 어쩌라고? 나는 너보다 언니잖아. 키도 크고, 몸도 크고, 입도 크니까 두 개 먹어도 되는 거야. 아니다. 세 개,

네 개, 다섯 개 먹어도 되는 거야."

그러면서 나는 과자를 양손 가득 쥐었어. 그런 나를 보며 지수가 또 울먹울먹하는 거 있지?

"지수야, 너는 이거 먹어라."

엄마가 우리 둘이 싸우는 걸 보더니, 지수한테 젤리 한 봉지를 줬어. 그건 내가 가장 좋아하는 젤리야. 하긴 지수도 좋아하는 거야. 우리 둘 다 젤리 중에서도 곰돌이 모양 과일 젤리를 가장 좋아해서 서로 먹으려고 늘 티격태격해. 그런데 그 젤리 한 봉지를 지수에게 준 거야. 나한테는 한 번도 봉지째 준 적이 없는데 말이야. 거봐, 이런 데서 지수만 예뻐하는 게 티가 나잖아. 아빠랑 짜고 지수 감기 나을 때까지 놀러 가지 않기로 한 게 틀림없다니까. 그 속을 누가 모를 줄 알고?

엄마가 머리를 감으러 간 사이에 지수는 또 소꿉놀이를 했어. 쟤는 소꿉놀이가 지겹지도 않은가 봐. 그릇 정리하고 상 차리고 인형이랑 밥을 나눠 먹는 시늉을 해. 밥도 반

찬도 없는데 진짜 먹는 것처럼 얼마나 연기를 잘하는지 몰라. 그러니까 우는 연기도 잘하는 거야. 나만 혼나게 하려고.

"언니, 같이 놀자."

"뭐라고? 내가 왜 너랑 노냐?"

지수는 내 말 한마디에 시무룩해지더니 혼자 놀았어. 그러면서도 젤리 봉지는 절대 손에서 놓지 않았어. 내가 그걸 노리고 있다는 걸 다 아는 거야. 그러니까 얄미운 애라는 거지. 나한테 젤리 하나라도 나눠줘 봐. 그럼 내가 소꿉놀이를 안 해 주겠어? 귀찮아도 해 준다고. 그런데 나한테 한 개도 주기 싫으니까, 자기도 아예 안 먹는 거 있지. 아주 지독한 애야.

그러더니 조금 있다가 글쎄, 그 젤리를 어떻게 했는지 알아? 치마 속에 티셔츠를 넣은 다음, 새끼 캥거루를 앞주머니에 넣은 엄마 캥거루처럼 치마 고무줄에 젤리 봉지를 탁 끼워 놓더라고. 바닥에 두면, 내가 채갈 거라고 생각한 거야.

그걸 보고 내가 어떻게 가만히 있어? 당연히 지수를 골려 줘야지. 그때, 내 머릿속으로 재미난 생각 하나가 번뜩 떠올랐어.

나는 주방으로 달려가 냉동실 문을 열었어. 안에는 할머니가 사다 주신 찹쌀떡이 있었거든. 하나씩 낱개 포장이 되어 있는 찹쌀떡은 얼어서 돌덩어리처럼 딱딱했어. 냉동 찹쌀떡 세 개를 몰래 꺼내 와서 놀고 있는 지수에게로 천천히 다가갔지. 그다음 지수의 목덜미를 잡고……, 내가 뭘 했을지 짐작이 가지? 맞아! 옷 속으로 냉동 찹쌀떡을 쏙 집어넣었어. 찹쌀떡은 지수 등을 타고 허리 언저리에 무사히 도착했지.

"꺅!"

지수가 소리 지르며 움직여도 허리춤에 매달린 찹쌀떡은 그대로 있었어. 제자리에서 펄쩍펄쩍 뛰며 치마 속에서 티셔츠를 잡아 빼자, 찹쌀떡이 투두둑 바닥으로 떨어졌지.

그때, 치마 고무줄에 끼워 둔 젤리 봉지도 떨어졌어. 나는 재빨리 젤리 봉지를 집어 들고 휙 던졌어. 텔레비전을 놓아둔 장식장 뒤쪽으로 말이야. 거기는 먼지가 아주 많은 곳이었거든. 쌤통이지 뭐!

그걸 보더니 지수가 또 울더라고. 쟤는 울려고 세상에 태어

났나 봐. 만날 울어. 시도 때도 없이 울어.

지수의 울음소리를 들은 엄마는 감은 머리를 제대로 닦지도 못한 채, 물을 뚝뚝 흘리며 화장실에서 뛰쳐나왔어.

"너희 오늘따라 왜 이러니? 지수, 왜 울어?"

엄마가 지수에게 다가가며 나를 다그쳤어. 나는 어깨를 으쓱해 보였지. 그 정도 장난쯤은 칠 수 있는 거잖아. 안 그래? 엄마는 바닥에 떨어져 있는 찹쌀떡을 보았어.

"미운 놈한테 떡 하나 더 준다며? 그래서 나도 미운 지수 놈한테 진짜 떡 먹으라고 줬어."

나는 별일 아니라는 투로 말했어.

"시끄러워. 한 번만 더 이런 짓 하면 혼날 줄 알아! 휴."

엄마는 한숨을 크게 쉬며 안방으로 들어갔어. 지수도 엄마 뒤를 따라가더니 방문을 쾅 닫고는 찰칵 잠갔지. 둘이서 또 나만 따돌렸어.

닫힌 방문을 보니까 얄미운 지수를 다른 집 동생이랑 싹 바꾸고 싶다는 생각이 들었어. 바꿀 수 없다면, 세상 구석구석을

다 뒤져서라도 말 잘 듣는 착한 동생을 사 오고 싶었어. 착한 동생만 살 수 있다면, 내가 제일 아끼는 인형이랑 모아 놓은 용돈까지 다 줄 거야. 다 주고서도 절대 아까워하지 않을 자신 있어, 난.

## 내 몸이 이상해졌어

나는 냉장고로 달려갔어. 냉동실 문을 활짝 열고 계속 서 있었어.

"툭하면 울고불고 난리 치는 멍청한 울보만 예뻐하고! 둘 다 꼴도 보기 싫어."

찬바람을 쐰 후, 나는 방에 가서 이불을 깔고 벌렁 드러누웠어. 누운 채 천장을 보고 있으니까 눈꺼풀이 스르륵 내려왔어. 곧 눈꺼풀만큼이나 무거운 잠이 쏟아졌어. 그렇게 한참을 잔 것 같아.

"아이, 추워."

추워서 잠이 깼어. 장롱 속에서 이불을 하나 더 꺼냈어. 이불 두 개를 머리끝부터 발끝까지 푹 덮어쓰고 나서야 잠이 들었어. 잠들기 직전까지 덜덜 떨었던 것 같아.

"지예야, 아침이야. 얼른 일어나서 학교 가야지."

엄마 목소리에 눈을 떴어. 정신을 차리고 보니, 몸에 이불을 둘둘 말고 있었어.

'참! 어젯밤에 추워서 이걸 꺼내 덮었지.'

생각을 떠올리자 또 추워지는 거야. 두 손을 모아서 입김을 불었어. 손이 이상하게도 꽁꽁 언 얼음처럼 차갑다는 생각이 들었어. 그러다가 손등으로 눈곱 낀 눈을 비볐어.

"앗, 차가워."

깜짝 놀라 눈에서 손을 뗐어. 마치 얼음 덩어리를 눈두덩이 위에 올려놓은 것 같았거든.

'이게 무슨 일이지?'

엄마한테 말도 못 하고 속으로만 끙끙대다가 아침밥을 먹으려고 식탁에 앉았어.

"밥 뜨거우니까 옷부터 입고 와서 먹어. 너, 밥 뜨거우면 잘 못 먹잖아."

엄마는 지수 감기약을 가지고 안방으로 가면서 말했어.

나는 뜨거운 밥그릇을 두 손으로 감싸 쥐었어. 밥그릇에서는 김이 솔솔 피어올랐지만 내 손은 여전히 얼음 같았어.

'한겨울도 아닌데 손이 이렇게 차가울 수 있는 거야? 아니, 그럴 수 없어. 그렇다면 나한테 무슨 일이 생긴 건가? 불치병?'

갑자기 불치병이라는 단어가 생각났어. 절대 고치지 못하는 병에 걸려 버린 건 아닐까? 손부터 꽁꽁 얼기 시작해서 나중엔 온몸이 꽁꽁 얼어 버리는 그런 몹쓸 병 말이야. 그래도 학교는 가야 했어. 몹쓸 병에 걸렸다는 걸 엄마나 지수가 알게 되면 이렇게 말할지도 모르니까.

"엄마 말 안 듣고 떼쓰더니, 그렇게 될 줄 알았어."

"나 괴롭혀서 언니 벌 받은 거다."

엄마랑 지수가 진짜로 그렇게 말한 것도 아닌데, 그저 나 혼자만의 상상인데도 미워졌어. 짜증 부리고, 지수 좀 괴롭혔다고 손이 언다는 게 말이 돼?

나는 학교를 향해 뛰었어.
'뛰다 보면 땀이 날 거야. 그럼 괜찮아질 거야.'
집에서 학교까지 한 번도 쉬지 않고 뛰었어. 달리기 시합할 때처럼, 1등 도장을 손등에 받으려고 힘껏 달릴 때처럼 말이지.
헉헉대며 숨을 고르고 겨우 실내화를 갈아 신었어. 땀이 흘러내리는 것 같아서 화장실로 갔

어. 세수하려고 말이야. 세면대의 거울을 본 나는 깜짝 놀랐어.
"뭐야? 땀이 한 방울도 안 났잖아?"
죽기 살기로 뛰었는데도 내 얼굴에서는 전혀 땀이 나지 않았어. 어쩐지 불안했어.
그때, 성아가 옆에 왔어.
"꽁지야, 어제 우리 엄마가 이거 사 줬다. 색깔도 변한다."

성아는 목에 매달린 하트 모양 보석을 손바닥에 놓고 잠깐 꼭 쥐었다 폈어.

"어, 그래? 진짜 변하네. 신기하다."

마지못해 대답했어. 안 그러면 성아는 앵무새처럼 계속 똑같은 얘기를 하거든.

"아마 손이 따뜻해서 색깔이 변하나 봐. 이렇게 꽉 쥐면 손에서 열이 나잖아."

하트 보석은 처음엔 파란 색깔이었는데, 손으로 쥐자 빨갛게 물이 들었지 뭐야. 보석 혼자 더워서 땀을 흘린 것처럼 온통 새빨갛게 변해 있더라고.

'나는 땀이 한 방울도 안 나는데……'

수업 시간에 선생님 설명이 하나도 귀에 들어오지 않았어. 선생님 목소리가 멀리서 울려 퍼지는 북소리 같았어.

'둥둥둥두둥. 꽁지, 공지예! 네 몸은 점점 얼어붙을 것이다. 둥둥둥두둥. 둥둥둥두둥.'

내가 할 수 있는 건 계속 고개를 내젓고, 손을 움켜쥐고 있는

것뿐이었어.

　오전 내내 멍하게 있었더니 금세 점심 시간이 되었어.

　성아는 필통 위에 올려 둔 목걸이가 바닥에 떨어진 줄도 모르고 화장실에 갔어. 나는 목걸이를 주워 들었어. 그런데 내 손바닥 위에 있는 하트 보석의 색깔이 변하지 않는 거야. 계속 파란색이었어. 성아 말대로라면 내 체온 때문에 보석이 빨간색으로 변해야 하잖아.

　너무 놀라서 재빨리 목걸이를 성아 책상 위에 올려놓았어. 보석 색깔이 변하지 않는다는 건, 다시 말해서 내가 변했다는 거잖아. 나는 보석의 색깔도 바꿀 수 없을 정도로 차갑게, 아주 차갑게 변한 거야. 갑자기 심장이 두근거렸어. 두근거린 정도가 아니라, 살아 움직이는 생선처럼 펄떡거렸어.

　'어떡하지?'

　　나는 급식에 손도 대지 않고 자리에서 일어섰어.

　　"꽁지, 너 밥 안 먹고 어디 가?"

성아가 물으며 내 손을 잡았어.

"앗, 차가워! 야, 너 손이 왜 이렇게 차? 찬물로 씻었어?"

성아가 손을 놓으며 놀란 표정으로 나를 바라봤어.

## 냉동 소녀 꽁꽁이

"김진수, 물 얼려 왔어?"

5교시 수업을 하던 선생님은 아이들이 졸려 하니까 갑자기 김진수를 불렀어.

우리 반에는 말썽 부린 아이들에게 주는 특별한 벌칙이 있어. 커다란 페트병에 물을 얼려 와서 조는 아이들에게 따라 주며 잠을 깨우는 거야. 1등 말썽꾸러기 김진수는 일주일에 한 번씩은 찬물 당번을 했어.

"네! 지금 따라 줄까요?"

김진수가 보조 가방에서 커다란 페트병을 두 개나 꺼냈어.

그러자 아이들이 '우아!' 하고 소리쳤어. 얼린 물은 오전 내내 녹아서 페트병 밖으로 물이 줄줄 흐르고 있었어. 꼭 눈물처럼 말이야. 페트병을 보자, 갑자기 나도 울고 싶어졌어.

"물 하나는 아주 야무지게 얼려 오는구나. 모두 한 잔씩 마시고 정신 번쩍 차려."

선생님이 웃으면서 말했어.

김진수는 신이 나서 페트병과 컵을 들고 교실을 돌아다녔어.

그때, 우리 반 2등 말썽꾸러기 최용규가 얼음물을 마시다 말고 노래를 흥얼거렸어.

"손이 시려워 꽁, 발이 시려워 꽁, 겨울바람 때문에 꽁꽁꽁."

아이들이 깔깔대고 웃기 시작했어. 몇 명이 노래를 따라 불렀어. 그러자 반 아이들 모두가 노래를 불렀어. 김진수는 얼음 덩어리가 반쯤 남아 폭탄처럼 보이기도 하는 페트병을 위로 번쩍 들었어. 그러고는 마구 흔들어 대며 춤을 췄어.

"손이 꽁꽁꽁 꽁, 발이 꽁꽁꽁 꽁, 겨울바람 때문에 꽁꽁꽁.

어디서 이 바람은 시작됐는지, 산 너머인지 바다 건넌지, 너무 너무 얄미워!"

아이들의 노랫소리와 김진수의 페트병 춤이 맞물려 돌아가고 있었어.

"꽁지, 너도 얼음물 마셔. 엄청 시원해서 잠이 확 달아났어."

성아가 마시던 물컵을 내게 내밀었어. 나는 아무 말 없이 고개를 돌리고 말았지.

그때였어.

'꽁꽁꽁꼬공. 꽁지, 공지예! 너는 냉동 소녀 꽁꽁이가 되었다. 꽁꽁꽁꼬공. 꽁꽁꽁꼬공.'

아이들이 부르는 노래 속에서, 나는 그렇게 울려 퍼지는 또 다른 소리를 들었어.

'그래, 난 꽁꽁이가 되고 만 거야. 꽁꽁 얼어붙은 냉동 소녀 꽁꽁이!'

그런 생각을 하자, 온몸이 덜덜 떨리기 시작했어. 머리도 깨질 듯 아파 왔지.

산 너머 어디에서인지, 바다 건너 어디에서인지 이상한 뭔가가 나타나 내 몸을 꽁꽁 얼리고 있었어. 무섭고 겁이 났어.

'이렇게 얼다가 나중엔 어떻게 되는 거지? 얼음 가루가 되는 걸까? 그러다 녹으면…….'

걱정만 하다 보니, 수업 시간은 눈 깜짝할 새 지나가 버렸어.

집에 오자마자 화장실에 가서 발을 씻으려고 양말을 벗는데 발에 손이 닿아도 아무 느낌이 없었어. 발도 얼기 시작한 거야.

'손이랑 발부터 시작해서 온몸이 꽁꽁 얼어붙으려나 봐.'

세면대에 뜨거운 물을 받았어. 발도 담가야 해서 세숫대야를 찾는데 지수 것밖에 없었어. 지수는 아토피가 조금 있어서 따로 대야를 쓰거든. 거기에 항상 녹차 우린 물을 받아 놓고 세수를 해. 나는 그 물을 몽땅 버리고 뜨거운 물을 받았어. 딱 언 손목과 발목까지만 뜨거운 물이 닿도록 물의 양을 잘 맞췄지. 숙제도 이렇게 정성껏 한 적은 아마 없을 거야.

"너, 지금 뭐 하는 거니?"

엄마가 조립품을 다 맞췄는지 비닐봉지에 다시 포장해서 들고 나오다가 나를 봤어. 옆집 아줌마한테 가져다줄 건가 봐.

"손 씻잖아. 발도 씻고."

내 모습이 좀 이상해 보이긴 했을 거야. 손은 세면대에 넣고, 발은 지수 대야에 넣은 채 그대로 서 있었으니까 말이야.

"그거 지수 거잖아. 녹차 물 받아 놓은 건 어쨌어? 엄마가 늘 소독하는 거 몰라서, 네 지저분한 발을 거기 담그고 있는 거니?"

지금 지수 아토피가 문제가 아니잖아. 나는 얼어서 냉동 인간이 될 판이라고. 냉동 고기, 냉동 생선, 냉동 과일은 봤어도 냉동 인간 본 적 있어? 없지? 그게 바로 나라고. 그런데도 엄마는 늘 지수, 지수, 지수밖에 몰라.

'지수는 동생이잖아. 지수는 감기에 걸렸잖아. 지수는 아토피가 있잖아.'

그래서 그게 뭐? 그게 뭘 어쨌다고?

'동생이면 다야? 나는 언니잖아. 나도 감기에 걸린 적 있었잖아. 나는, 아토피는 아니지만…… 몸이 꽁꽁 얼고 있잖아. 그러니까 엄마가 나도 보살펴 줘야지.'

속으로 외쳤어. 눈물이 나려고 했지만, 나한테 관심도 없는 엄마 앞에서 울기는 싫었어.

"늘 소독하는 거 오늘도 또 소독하면 될 거 아냐?"

나는 더 못되게 소리쳐 버렸어.

"휴! 알았다. 엄마 옆집 가서 새 일거리 받아 올게. 지수랑 사이좋게 놀고 있어."

엄마가 커다란 비닐봉지를 들고 나갔어.

속이 답답했어. 이럴 때 방법은 냉동실뿐이야. 찬바람을 쐬면 괜찮아질 거야.

화장실에서 나와 주방으로 가려는데 지수가 내 가방을 뒤져서 크레파스를 꺼내고 있었어. 내 크레파스는 색깔이 60가지나 돼서 지수가 늘 탐냈어.

"야! 너, 내 거 가지고 뭐하는 건데?"

내가 소리를 버럭 지르자, 지수가 흠칫 놀라 몸을 들썩였어. 약한 척한다고 내가 빌려줄 줄 알아? 나는 지수에게 달려가 팔목을 움켜쥐었어.

"크레파스 이리 내놔."

그러자 지수가 고개를 가로저으며 울먹였어.

"팔 놔 줘."

지수가 억지로 내 손을 떼어 낸 다음 자기 팔목을 주무르면서 막 울었어.

"이게! 네가 뭘 잘했다고 울어?"

"언니 손 너무 차. 나 팔목 떨어지는 줄 알았단 말이야."

지수는 딸꾹질까지 했어. 얼음같이 찬 내 손이 지수를 울리고 만 거야.

## 제발, 저리 가!

나는 거실 구석에 멍하니 앉아 있었어.

'하느님! 내가 뭘 잘못했다고 이런 벌을 주세요? 왜 나한테만 이러는 건데요? 내가 냉동 만두도 아닌데, 왜 이렇게 꽁꽁 얼려 놓은 거예요?'

너무 억울했어. 이런 일은 일어나면 안 되는 거잖아.

안방에 들어간 지수는 인형 유모차에 소꿉놀이 바구니와 인형을 잔뜩 싣고 거실로 나왔어. 장식장 옆 3단짜리 빈 책장이 지수의 그릇을 정리할 주방이야. 거실 바닥은 풀밭이고 펼쳐

놓은 담요는 돗자리가 되었지. 지수가 좋아하는 커다란 그림 동화책은 밥상으로 변신해.

지수가 인형 유모차를 뒤집더니 그릇들을 와르르 쏟아 냈어.

"야, 조용히 해."

그냥 방에서 놀면 될 텐데 지수는 거실까지 나와서 시끄럽게 굴었어. 손과 발을 녹일 방법을 연구해야 하는데 지수 때문에 생각이 떠오르질 않았어. 내가 조용히 하라고 했는데도 지수는 계속 그릇들을 가지고 달그락댔어.

"너, 내 말 안 들려? 시끄러우니까 방에 들어가서 놀라고!"

나는 소리를 버럭 지르면서 지수의 소꿉놀이 그릇 몇 개를 빼앗아 멀찍이 집어 던졌어.

"하지 마. 언니 나빠. 하지 말라고."

갑자기 지수가 달려들더니 내 팔목을 손톱으로 콱 긁었어.

"아야! 너, 이게."

피부에 빨갛고 긴 손톱자국이 났어. 아픈 것보다도 화가 났어.

"저리 가라고! 이거 갖고 당장 방에 들어가 버려."

나는 지수의 인형 유모차를 들고 안방을 향했어. 그러자 지수가 유모차를 잡고 늘어졌어.

"이거 내 거야. 빨리 내놓으란 말이야."

지수가 있는 힘껏 잡아당기는 바람에 나는 유모차를 놓치고 말았어. 지수는 유모차를 쥔 채 뒤로 벌러덩 자빠져 버렸어.

"악!"

자빠지면서 유모차 손잡이에 지수 이마가 세게 부딪혔어. 지수는 자지러질 듯 울었지. 순식간에 일어난 일이었어. 내가 일부러 지수를 다치게 할 생각으로 유모차를 놓친 게 아니었어. 이건 정말 뜻하지 않은 사고였어.

"지수야, 어디 좀 봐. 언니가 호 해 줄게."

지수 이마를 살펴보려는데 엄마가 현관문을 열고 들어왔어.

"뭐야? 또 무슨 일이야?"

엄마는 새로 받아 온 조립품 비닐봉지를 내려놓자마자 지수를 안았어. 지수의 이마가 부풀어 올랐어. 엄마는 우는 지수를 옆구리에 끌어안고 있는 힘껏 손바닥으로 이마를 눌러 줬어.

'안 그래도 아플 텐데. 저렇게 꽉 누르면 어떻게 해?'

속으로 생각하고 있을 때였어.

"내가 너 때문에 못살아. 동생은 왜 때려? 왜 괴롭히냐고?"

엄마가 우는 지수를 안고서 나한테 갑자기 소리를 질렀어.

"그게 아니야.

내가 일부러 때린 게 아니라고."

"어린 동생 때려서 이 꼴로 만들어 놓으니까 이제 속이 시원하니?"

내가 아니라고 말을 해도 엄마는 날 믿지 않았어.

"왜 내 말은 듣지도 않아? 나한테 관심이 있기는 한 거야?"
나는 큰 소리로 외쳤어.
"얘가 진짜?"
"엄마는 만날 지수 편만 들고 나한테 지수 돌봐 주라는 말만 하고. 엄마는 엄마면서 딸인 나를 제대로 돌봐 줬어?"

"뭐가 어째?"

"나한테 지금 무슨 일이 생겼는지, 내가 왜 속상한지 알기나 해? 또, 지수가 방문 잠글 때는 왜 야단도 안 쳐?"

"뭐? 방문? 그거야, 너희 둘이 붙어 있으면 더 많이 싸우니까……."

"몰라. 나도 엄마 말 다 듣기 싫어. 둘이서 문 잠그고 나만 따돌린 거 맞잖아. 엄마는 왜 지수만 생각하고 내 생각은 안 해? 그때마다 내가 얼마나 속상하고 슬펐는지 알아?"

엄마에게 화를 내고는 내 방으로 들어갔어. 문틈으로 엄마 목소리 대신 지수의 훌쩍이는 소리만 들려왔어. 나도 모르게 눈물이 왈칵 쏟아졌어. 손발도 시리고 몸도 추운데 이상하게 눈물은 뜨거웠어. 볼을 타고 흘러내리는 눈물이 아주 뜨겁게 느껴졌어.

벽에 등을 기대고 방바닥에 쪼그려 앉았어. 두 무릎을 세우고 가운데 머리를 파묻었어. 두 팔로 무릎을 감싸는데 차가운 손이 팔꿈치에 닿았어. 자꾸만 눈물이 났어.

## 미움이 도망갔어

나도 모르게 잠이 들었나 봐. 눈을 떠 보니 창밖은 깜깜하고 집 안은 조용했어. 거실에 나갔다가 목이 말라서 냉장고에서 물을 꺼내 마셨어. 식탁에는 저녁이 차려져 있었어. 엄마랑 지수도 저녁을 안 먹은 모양이야. 내 수저 옆에 쪽지랑 보석 목걸이 상자가 놓여 있었어.

'어? 엄마가 이 목걸이를 어떻게 알았지?'

상자 속 파란색 하트 목걸이가 내게 '안녕' 하고 인사하는 것만 같았어.

지예야. 지수 때렸다고 오해해서 미안해. 지수가 또 방문 잠그면 엄마가 못 하게 할게. 엄마는 너희가 싸울 때면 떨어져 있는 게 낫다고 생각해서 가만있었던 거지, 널 따돌려서 그런 게 아니야. 우리 지예 마음도 몰라주고 신경 써 주지 못해서 미안해. 성아네 엄마가 이 목걸이가 유행이라고 알려 줬어. 엄마가 더 열심히 일해서 예쁜 선물 많이 사 줄게. 사랑해.

엄마가 써 준 쪽지를 보니 딱딱했던 내 마음이 조금 말랑말랑해지는 것 같았어.

'이 목걸이 꼭 갖고 싶었던 것도 아닌데…….'

두리번거리면서 엄마를 찾았어. 거의 닫혀 있던 안방 문이 반쯤 열려 있더라고. 다가가서 방 안을 들여다봤는데 매운 파스 냄새가 났어. 지수

는 책을 보다가 잠들었고, 엄마는 맨바닥에 쭈그린 채 자고 있었어. 엄마의 양쪽 팔과 뒷목에 파스가 다닥다닥 붙어 있었지.

'엄마는 파스 뗄 때 아프다고 하면서도 매일 붙인다니까.'

엄마 옆에 있는 커다란 비닐봉지에 부업거리가 산더미처럼 쌓여 있었어. 조그마한 조각들을 일일이 손으로 끼워야 하는 거야. 이걸 날마다 하느라고 엄마가 파스를 붙이나 봐. 나는 장롱에서 조심조심 이불을 꺼내 엄마에게 덮어 주고 방을 나왔어.

식탁에는 내가 좋아하는 계란말이가 있었어.

"배고프니까 나 먼저 밥 먹어야겠다."

나는 밥통에서 밥을 푸고 국도 떠서 자리에 앉았어. 국에 밥을 풍덩 말았지. 그러면 술술 잘 넘어가거든. 계란말이는 열두 개가 있었어. 우리가 세 명이니까 한 사람이 네 개씩 먹으면 딱 맞아. 나는 국에 만 밥과 계란말이 네 개를 뚝딱 먹었어.

"언니, 뭐해?"

자다 깬 지수가 눈을 비비며 거실로 나왔어. 그 사이, 지수 이마에는 커다란 혹이 나 있었어. 푸르스름하게 멍든 혹을 보니

마음이 안 좋았어. 내가 일부러 때려서 생긴 건 아니지만, 나랑 싸우다가 생긴 건 맞으니까. 여태껏 지수가 얄미웠는데 혹 때문에 불쌍해 보였어.

"밥 먹었어."

"나도 배고프다. 엄마한테 밥 달래야지. 엄마!"

지수가 엄마를 불렀어.

"지수야, 쉿! 조용히 해. 언니가 줄 테니까 앉아."

곤히 잠든 엄마를 깨우게 할 수는 없었어. 나는 지수의 밥과 국을 떠서 식탁에 놓았어.

"언니가 왜 나한테 밥을 줘?"

지수가 물었어.

"엄마는 피곤하니까, 내가 대신 주는 거야. 너도 졸릴 때 깨우면 짜증 내잖아."

나는 지수 이마의 혹을 만져 보려다가 얼른 손을 오므렸어. 지수가 내 차가운 손에 또 깜짝 놀랄까 봐 걱정이 되었어. 지수는 숟가락으로 반찬을 떠먹으려고 했어. 젓가락질을 잘하지 못 하거든. 하는 수 없이 내가 엄마처럼 지수 숟가락에 반찬을 올려 줬어.

"언니가 왜 나한테 반찬을 올려 줘?"

애는 잘 대해 줘도 뭐가 문제인지 자꾸 물어봐. 정말 귀찮은 애야.

"네가 숟가락으로 자꾸만 반찬을 쑤시잖아. 더럽게."

"멸치 싫어. 그냥 난 계란말이만 줘."

지수가 기껏 올려 준 멸치를 손가락으로 집어서 내려놓으며 말했어.

"너는 내가 잘해 줘도 꼭 이러더라."

순간, 지수한테 반찬을 주지 말까 하다가 이마의 커다란 혹을 보고는 마음을 바꿨어. 지수 숟가락에 계란말이를 올려 줬어. 그리고 나도 하나를 집어 먹었지. 밥을 다 먹어서 배가 부른데도 계란말이는 먹을 수 있었어. 배가 아무리 불러도 계란말이나 과자가 들어갈 배는 뱃속 어딘가에 또 숨어 있나 봐.

"언니, 밥 다 먹었지?"

"응. 왜?"

"근데 왜 자꾸 내 반찬을 뺏어 먹어?"

"내가 언제?"

"계란말이 그만 먹어. 나 먹을 거 없잖아."

지수가 접시를 자기 쪽으로 당기며 말했어.

"이게 처음에 열두 개 있었어. 우리가 네 개씩 먹어야 하는 거야. 너도 네 개 다 먹었으니까. 그만 먹어. 세 개 남은 거 엄마 줘야 해."

나는 접시를 내 쪽으로 당겼어.

"엄마는 왜 세 개 줘? 네 개씩이라며? 언니가 좀 전에 하나 먹은 게 엄마 거였어?"

지수는 빼기 더하기도 아주 잘하는 애야. 뭘 속일 수가 없어.

"내가 하나 더 먹은 거야. 엄마가 준 쪽지랑 목걸이 봐 봐. 엄마가 지금 나한테 굉장히 미안하대. 그러니까 엄마 계란말이 하나쯤은 내가 더 먹어도 돼."

"그럼 나도. 나는 혹이 났으니까 엄마 거 하나 더 먹어도 돼."

지수가 하나를 더 먹는 바람에 엄마 몫의 계란말이는 두 개만 남았어.

나는 지수가 다 먹은 밥그릇이랑 국그릇을 싱크대에 담갔어. 반찬은 그대로 둬야 엄마도 저녁을 먹을 테니까 지수가 밥 먹다 흘린 밥풀이랑 반찬 국물만 행주로 닦았어. 엄마는 내가 행주질 할 때마다 어쩜 그렇게 꼼꼼하게 잘하느냐며 칭찬을 했거든.

'그러고 보니, 엄마가 나를 칭찬한 적도 있구나!'

"언니! 근데 엄마는 계란말이 안 좋아해."

지수가 손가락으로 계란말이를 계속 만지작거리며 말했어.

"네가 그걸 어떻게 알아?"

"먹는 거 한 번도 못 봤어."

"우리 먹으라고 일부러 안 먹는 거야."

내 얘기를 듣더니 지수는 재빨리 계란말이에서 손을 뗐어. 밥을 먹는 동안은 지수가 밉다는 생각이 안 들었어. 신기하게도 그런 생각이 멀리 도망간 것 같았어.

 ## 이젠 땀이 나

"언니, 나랑 소꿉놀이할래?"

지수가 인형 유모차를 끌고 다가왔어. 유모차 때문에 울고불고 혹까지 났는데 그걸 또 가지고 놀려는 거야. 지수는 진짜 못 말려.

"넌 소꿉놀이가 그렇게 좋아?"

"응! 언니랑 같이하면 재밌어. 근데 언니…… 아까 나빴어. 내 소꿉놀이 그릇 막 던지고. 유모차도 던지려고 하고."

"야! 내가 언제 유모차를 던져? 시끄러우니까 방에 가서 놀라고 옮겨 주려던 거지."

얘가 나한테 막 누명을 씌우려고 하네.

"그래도 언니가 소꿉놀이 그릇은 던졌잖아."

"그건 짜증 나서 그랬지. 그런 식으로 따지자면 너도 나빴어. 내 팔 할퀸 것 좀 봐. 여기 다 까졌지?"

내가 팔뚝을 보여 주자, 지수는 고개를 내밀고 상처를 봤어. 그러고는 아무 말도 못 했어.

"그것뿐이야? 너, 만날 방문 잠가서 나만 따돌렸잖아."

예전부터 기분 나빴던 걸 다 말해야만 속이 시원해질 것 같았어.

"그건 언니가 소리 지르니까 무서워서 잠근 거야."

"내가 뭐가 무서워? 내가 널 때리기라도 했어?"

"언니가 머리핀 뺏을 때 여기가 얼마나 아팠는데."

지수가 앞머리를 만지작거리며 말했어.

"너는 바보처럼 만날 울어서 나만 혼나게 하잖아. 그것도 나빠."

"자꾸만 눈물이 나는 걸 어떻게 해?"

지수가 날 보며 억울하다는 투로 말했어. 또 눈에 눈물이 글썽거리더라고.

"이것 봐! 또또! 너 자꾸 울면 학교 가서 애들한테 놀림 당해. 애들이 널 우습게 안다고. 아무리 울고 싶어도 이를 꽉 물고 울지 말아야 해."

나도 1학년 때 애들한테 울보라고 얼마나 놀림을 당했었는데. 그래서 잘 알아.

"언니가 소리 안 지르면 안 울지도 몰라."

"야, 넌 내 탓 좀 하지 마. 너야말로 치사하게 젤리도 혼자 다 먹었잖아."

내 말을 듣던 지수가 날 빤히 쳐다봤어.

"아니야. 나 젤리 하나도 안 먹었어."

"진짜? 왜 안 먹었어?"

"언니랑 소꿉놀이하면서 먹으려고 아껴 뒀지."

지수는 발딱 일어서더니 3단 책장 밑의 서랍을 열고 젤리 봉

지를 꺼내 왔어.

"치, 누가 너하고 소꿉놀이해 주기나 한대?"

말은 그렇게 했지만, 젤리를 보니까 자꾸만 웃음이 났어. 내가 말했잖아. 그 젤리는 내가 아주 좋아하는 거라고 말이야.

소꿉놀이를 하면 원래 그릇 소리가 나는 건가 봐. 조용히 하려고 해도 그릇만 정리하면 달그락달그락 소리가 났어. 지수한테 시끄럽다고 뭐라고 했는데 시끄럽기는 나도 마찬가지였어.

지수는 소꿉놀이 그릇들에 젤리를 하나씩 담았어. 거실은 공원 잔디밭이 되고 담요는 돗자리가 되는 거야. 지수가 좋아하는 커다란 그림책은 그릇을 놓는 상으로 변신해. 나는 그릇이 놓인 그림책 상을 조심스럽게 들어서 담요 돗자리에 놓았어. 우리는 지금 공원에 있는 거야.

"자, 소풍 나왔으니까 맛있게 밥을 먹자. 꼭꼭 씹어 먹어. 우리 지예."

지수가 내 엉덩이를 톡톡 두드리며 엄마 흉내를 냈어.

"이게, 까불고 있어."

"떽! 엄마한테 버릇없이. 애가 진짜 까부네."

지수가 아랫입술을 앞니로 살짝 물며 진짜 엄마랑 똑같이 말을 했어. 정말 웃겼지.

"엄마가 맛있는 젤리 밥도 줬으니까 지예는 방에 가서 머리핀 찾아오렴."

지수가 내게 말했어. 그럼 그렇지. 공지수가 나한테 젤리를 공짜로 줄 리가 없어.

"엄마도 그런 촌스러운 머리핀을 꽂아? 그냥 그거 버릴까 봐."

내가 지수에게 겁을 좀 줬지.

"언니, 안 돼. 버리면 울 거야."

지수가 징징대며 내 방으로 뛰어갔어.

"너, 내 책상 막 뒤지면 혼난다."

내가 뒤따라 들어가서 서랍 속의 핀을 재빨리 손에 쥐었어.

"빨리 줘."

지수가 날 보며 애원하는 눈빛을 보냈지. 그때, 재미난 생각 하나가 내 머릿속을 쌩 지나가는 거야. 얼른 티셔츠를 내 바지 속에 집어넣고 핀을 바지 고무줄에 탁 끼워 놨어. 지수가 젤리 봉지를 치마 고무줄에 끼운 것처럼 말이야.

"공지수! 빼앗아 봐."

내가 말하자마자 지수가 달려들어서 내 바지를 막 잡고 늘어지는 거야. 이런, 바지 고무줄이 끊어질지도 모르겠어. 지수를 피해서 방바닥에 누워 데굴데굴 굴렀지. 지수도 나를 따라 같이 굴렀어. 그러면서 날 막 간질이는 거 있지. 나는 간지럼에 약한데 지수가 그걸 알고 내 겨드랑이랑 배랑 엉덩이까지 막 간질였어.

"야, 하지 마! 깔깔깔."

굴러다니며 얼마나 웃었는지 몰라. 결국 지수는 머리핀을 손에 넣었어. 참 끈질긴 애야.

"어머, 우리 딸들이 이제는 안 싸우고 잘 노네. 아이고, 예뻐라. 내 새끼들."

엄마가 자다 깨서 나왔어. 우리가 너무 시끄럽게 놀았나 봐.

"엄마, 너무 더워. 찬물 줘."

지수가 말했어. 나도 얼음물이 마시고 싶었어. 땀이 흠뻑 날 정도로 더웠거든.

'땀?'

"지수야, 혹시 언니 얼굴에서 땀이 나니?"

"나도 나."

지수가 손으로 자기 이마의 땀을 닦아서 보여 줬어. 나도 이마의 땀을 닦아 보았어. 손등에 땀방울이 묻어 있었지. 드디어 땀이 난 거야. 지수의 손도, 얼굴도 내 손으로 감싸 봤어.

"지수야, 언니 손 안 차지?"

"응! 안 차."

엄마가 찬 얼음물 두 잔을 갖다 줬어.

"나, 이제 냉동병 다 나았나 보다."

"뭐? 냉동병?"

엄마와 지수가 동시에 물었어.

"응. 내 손이랑 발이 꽁꽁 얼었었거든. 땀이 한 방울도 안 났었다니까. 너도 내가 아까 팔목 만졌을 때 차가워서 떨어질 것 같다고 했었잖아."

"어, 맞아! 그랬어! 언니 병 다 나았다."

내가 좋아서 팔짝팔짝 뛰자, 지수도 덩달아 뛰었어. 우리는 얼싸안고 소리를 질렀어.

"얘들이 무슨 뜬금없는 소리를 하는 거야. 어머, 전화 왔나 봐? 이 밤에 누구지?"

엄마는 휴대 전화 울리는 소리를 듣더니 거실로 나갔어.

"얘들아, 아빠 지금 오신대. 내일 너희랑 아침 일찍 놀러 가려고 밤차 타고 오셨단다."

엄마 얘기를 듣고 팔짝거리던 우리는 거실로 뛰어나갔어.

"우아, 신난다. 아빠 어디래?"

"크림빵 사서 걸어오고 계신대."

엄마가 아빠랑 통화하며 말했어.

나는 얼른 신발을 신고 현관문을 활짝 열었어. 지수도 나를 따라 복도로 나왔어. 저 멀리 아파트 단지 입구로 들어서는 아빠가 보였어.

"아빠!"

나랑 지수가 동시에 아빠를 불렀어.

아빠는 빵 봉지를 손에 든 채 두 팔을 막 흔들어 주었어. 지수와 나도 아빠랑 똑같이 두 팔을 높이 치켜들고 계속 흔들었지. 아파트 복도에서 살랑살랑 불어오는 시원한 바람을 맞으면서 말이야.

# 형제자매 사이의 공통점 찾기

동생이나 언니가 밉고 자신과는 잘 안 맞는 것 같은가요? 여러분과 동생(언니)은 서로 다른 점도 있지만 닮은 점도 꽤 많답니다. "에잇, 무슨 말도 안 되는 소리를 하고 그래요?"라고 말하는 친구도 있을 거예요. 그렇다면 아래 테스트를 통해서 서로 얼마나 닮았는지 알아볼까요?

## 공통점 찾기 테스트

- 내가 친구들과 놀 때면 항상 함께 놀려고 한다. O X
- 내가 먹기 싫어하는 시금치나 당근은 동생(형, 언니)도 싫어한다. O X
- 내가 읽고 있는 책을 옆에서 같이 읽으려고 한다. O X
- 내가 화장실에 갈 때마다 동생(형, 언니)도 함께 가려고 한다. O X
- 내가 좋아하는 크레파스 색깔은 꼭 먼저 써 버린다. O X
- 내가 먹고 싶어 하는 닭다리나 딸기는 동생(형, 언니)도 엄청 좋아한다. O X
- 내가 옷이나 신발을 살 때면 똑같은 것을 따라 사려고 한다. O X
- 내가 친구랑 싸울 때면 내 편을 들어준다. O X
- 내가 먼저 맡은 인형이나 물건을 늘 탐낸다. O X
- 내가 엄마, 아빠 사이에 앉아 있으면 동생(형, 언니)이 파고든다. O X

## 우리들의 공통점 지수

**0~3개 개성 만점 우리들**

우리는 성격이 많이 달라요. 이럴 때는 서로 각자의 개성을 살려 나가면 아주 멋진 어린이로 성장할 수 있어요. 상대방의 관심 분야를 살펴보면, 더 많이 알게 되고 세상을 보는 눈도 깊고 넓어지거든요. 주의할 사항은 서로 '다름'을 꼭 존중해 줘야 해요.

**4~7개 오손도손 우리들**

우리는 비슷한 듯 달라요. 그렇지만 공통점을 잘 활용하면 형제자매와 잘 지낼 수 있어요. 서로 맞는 부분은 함께하고 조금 다른 부분은 각자의 시간을 갖는 것도 필요해요. 어떤 부분에서 서로 같고 다른지를 찾아내서 둘만의 규칙을 만들어 봐요.

**8~10개 알콩달콩 우리들**

우리는 좋아하는 게 비슷해요. 그래서 서로 같은 걸 가지려고 더 싸울 수도 있어요. 그렇지만 좋게 생각하면, 서로 힘을 합쳐 더 좋은 결과를 만들어 낼 수도 있어요. 관심 있는 분야를 함께 연구해서 도움을 줄 수도 있답니다. 그러다 보면, 사이가 점점 더 좋아지겠지요!

# 형제자매의 싸움 대처법

형제자매 간의 싸움은 사소한 것에서 시작돼요. 둘 중 누구라도 조금만 양보하고 화내는 대신 대화로 푼다면 싸움은 일어나지 않을 거예요.

## 마음 다스리기

예전의 꽁꽁이 공지예는 어땠을까요?

- 무조건 소리치고 떼쓰기
- 냉동실 문 열고 얼음 깨 먹으며 씩씩대기
- 동생과 싸우고 후회하기

공지예가 이렇게 변했어요.

- 일단 심호흡하고 속마음 털어놓기
- 동네 한 바퀴 돌며 마음 가라앉히기
- 동생 입장에서 생각해 보기

## 속마음 터놓기

싸움을 막는 가장 강력한 방법은 바로 '대화'랍니다. 대화로 속마음을 터놓는 순간, 화는 가라앉고 오해는 자취를 감출 거예요. 그런데 어떻게 이야기를 시작해야 할지 모르겠다고요? 그렇다면 지예의 방법을 참고해 봐요.

### 노트로 대화해 봐요

노트를 준비해서 화가 난 이유와 상대방에게 바라는 내용을 대화 형식으로 적는 거예요. 글을 써서 주고받다 보면 서로의 마음을 조금씩 알게 되겠죠.

> 지예: 네가 내 가방을 함부로 뒤져서 화났어. 앞으로는 절대 그러지 마.
> 지수: 언니 가방이 궁금해서 그랬어. 내가 좀 보면 안 돼?
> 지예: 허락 없이 내 물건을 만지면 기분이 나쁘단 말이야.
> 지수: 그럼 허락해 주면 되잖아. 그땐 물건 만져도 돼?
> 지예: 그건 좀 더 생각해 볼게.

### 상장을 만들어 줘요

깨끗하고 두꺼운 종이의 테두리를 잘 꾸며 상장으로 만들어서 하고 싶은 말을 적는 거예요. 자신의 뜻을 제대로 전달하면서도 형제자매 사이를 좋게 하는 방법이에요.

> **궁금해도 참아 준 상장**
>
> 공지수는 언니의 가방 속이 궁금하지만 잘 참아서 이 상장을 줍니다.
> 앞으로도 잘 참으면 '포도 맛 젤리' 한 봉지를 주겠습니다.
>
> 언니 공지예

국립중앙도서관 출판예정도서목록(CIP)

착한 동생 삽니다 : 형제자매 우애를 키워주는 책 / 글: 김리하 ; 그림: 유설화. — 고양 : 위즈덤하우스 미디어그룹, 2016
  p. ;   cm

ISBN 978-89-6247-730-6 74810 : ₩8500
ISBN 978-89-92010-33-7 (세트) 74810

동화[이야기][童話]

813.8-KDC6                    CIP2016007521

형제자매 우애를 키워주는 책
# 착한 동생 삽니다

초판 1쇄 발행 2016년 4월 15일    초판 8쇄 발행 2019년 8월 16일

글 김리하    그림 유설화
펴낸이 연준혁    스콜라 대표 신미희

출판 5분사 분사장 김문주    편집 김숙영

펴낸곳 (주)위즈덤하우스 미디어그룹    출판등록 2000년 5월 23일 제13-1071호
제조국 대한민국    주소 경기도 고양시 일산동구 정발산로 43-20 센트럴프라자 6층
전화 (031)936-4000    팩스 (031)903-3891
전자우편 scola@wisdomhouse.co.kr    홈페이지 www.wisdomhouse.co.kr

ⓒ김리하, 2016
ISBN 978-89-6247-730-6  74810
ISBN 978-89-92010-33-7 (세트)

이 책은 저작권법에 따라 보호받는 저작물이므로 무단전재와 무단복제를 금지하며,
이 책 내용의 전부 또는 일부를 이용하려면 반드시 저작권자와 (주)위즈덤하우스 미디어그룹의
동의를 받아야 합니다.
* 인쇄 · 제작 및 유통상의 파본 도서는 구입하신 서점에서 바꿔드립니다.
* 이 책의 사용 연령은 8~13세입니다.
* 스콜라는 (주)위즈덤하우스 미디어그룹의 아동 · 청소년 브랜드입니다.